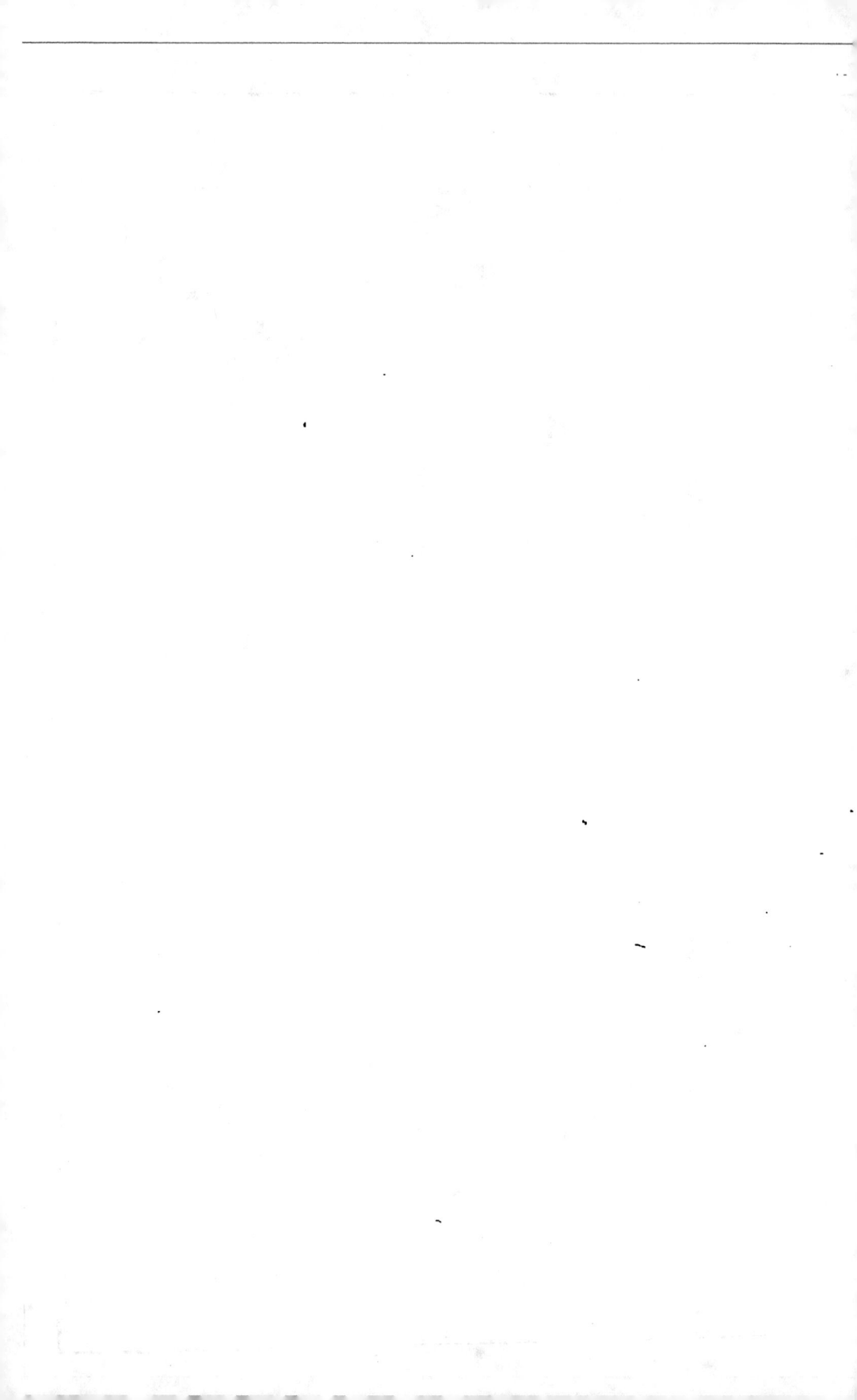

L'INVASION ALLEMANDE

EN FRANCE

OU

Vingt-et-un Jours de Captivité

A CHANTILLY

PAR

FERDINAND VALLIEZ

COMPIÈGNE

IMPRIMERIE DU *Progrès de l'Oise*, A. MENNECIER
rue des Petites-Écuries, 17.

1880

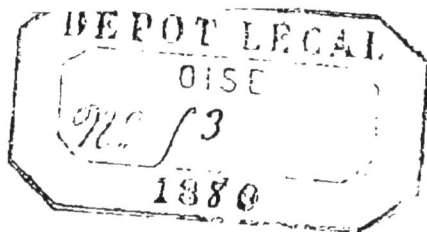

F. VALLIEZ

—

L'INVASION ALLEMANDE

EN FRANCE

ou

VINGT-ET-UN JOURS DE CAPTIVITÉ

A CHANTILLY

~~~~~~

Le *Progrès de l'Oise*, après avoir fait le récit de l'arrestation de M. J. NOULENS, rédacteur du *Messager de l'Oise* à Beauvais, et celui de l'arrestation de M. Jules CAUCHOIS, à Méru, qui a été emmené en Allemagne, poursuivait ainsi dans son numéro du 20 janvier 1872 :

« Ces événements me remettent en mémoire qu'il y a précisément aujourd'hui un an, que j'ai eu l'honneur d'être fait prisonnier par les Prussiens.

C'était dans la nuit du 19 au 20 janvier 1871, vers les cinq heures du matin, par une

nuit noire et froide. Tout à coup, la son-
nette de l'imprimerie retentit de coups
répétés. Je me lève, j'ouvre une fenêtre, et,
à la faveur d'une ou deux lanternes que
portaient des soldats prussiens, je vois
cinquante ou soixante hommes armés. Le
chef, un officier, me dit de descendre. J'avais
cru un instant avoir affaire à des militaires
qui demandaient un logement. Au ton impé-
ratif du commandement, je vis bien qu'il
retournait une mauvaise carte. Vêtu à la
hâte, je descends et j'ouvre la porte. Je me
trouve en présence d'un officier prussien, de
deux gendarmes allemands et d'une multi-
tude de soldats de la landwer qui envahissent
rapidement le corridor, faisant retentir sur
les dalles de l'allée, la crosse de leurs fusils.

— Vous êtes, me dit l'officier, en parfait
français, mais avec l'accent tudesque que
malheureusement toutes nos contrées con-
naissent maintenant, vous êtes bien Monsieur
Valliez, directeur du *Progrès de l'Oise?*

— Oui, monsieur.

— Au nom du roi de Prusse, ajouta-t-il,
en avançant la main, je vous arrête... Veuillez
me montrer votre cabinet, me donner la
collection de votre journal et toutes les copies
qui ont servi pour vos numéros.

Pendant une heure, cet officier, avec une
parfaite courtoisie du reste, fouilla dans mes
casiers, dans mes papiers, dans mes lettres,
prit ce qu'il jugea convenable.

En même temps, les gendarmes fouillaient dans le bureau de la comptabilité et se faisaient également une liasse de tout ce qui leur paraissait être utile à recueillir.

Lorsqu'ils eurent fait un paquet des journaux, des lettres et des papiers, ils m'invitèrent à aller m'habiller. Plusieurs gendarmes me suivirent dans ma chambre à coucher ; je montai me vêtir le plus promptement possible ; je jetai un coup-d'œil sur mon porte-monnaie ; je dis au revoir à ma femme en pleurs, laissant mes trois enfants dormir en paix, et j'arrivai au milieu des soixante hommes qui m'attendaient en bas. Au commandement de l'officier, je descendis la rue des Petites-Ecuries sans savoir où l'on me conduisait.

J'allai à la gare, et quoique le chemin de fer ne fonctionnait plus que très rarement et pour les Prussiens seulement, je vis en arrivant un train qui chauffait, la locomotive dans la direction de Creil. De chez moi au chemin de fer, je crus qu'on me dirigeait vers l'Allemagne ; je pensais maintenant qu'on me conduisait sur Amiens où était le quartier-général de Manteuffel.

L'officier, que je sus depuis être un M. de Haguen, fit monter les deux gendarmes et quatre hommes armés dans un wagon de 1re classe, prit une place et m'invita à monter en face de lui.

Il alluma un cigare ; j'en fis autant ; et le

train marcha tout doucement jusqu'à Pont-
Sainte-Maxence.

Là, le train s'arrêta pour cueillir au pas-
sage deux conseillers municipaux de Pont,
M. Richard, notaire, et M. Duchauffour,
propriétaire. Cette capture faite, le train
courut sur Creil.

Lorsque les premières lueurs du jour
entrèrent dans la pénombre du wagon, je
distinguai, parmi les voyageurs, un bourgeois,
qu'à ses grandes bottes et à son manteau,
j'avais jusqu'alors pris pour un allemand.
Ces grandes bottes et ce manteau, c'était
M. de Devise, un grand propriétaire de
Salency, qui avait été pris comme ôtage,
comme je l'appris plus tard, parce qu'on
avait trouvé dans la traverse de son territoire,
une pierre jetée à travers le chemin de fer.
Son maire, nommé Trousselle, avait également été fait prisonnier ; seulement, comme
il n'était vêtu que d'une blouse, on l'avait
relégué dans un wagon de troisième, avec la
masse des soldats.

Nous arrivâmes ainsi au pont de Laversi-
nes, que les Prussiens avaient reconstruit en
bois, ce qui fut, pour notre officier, l'occasion
d'un pompeux éloge en l'honneur de leur
ingénieur qui avait, pour les besoins de
l'armée allemande, détourné la voie du
chemin de fer, creusé une nouvelle tranchée
dans la colline et raccordé ainsi la voie
ferrée, puisque nous avions fait sauter à

l'approche de l'ennemi le pont du chemin de fer établi à cet endroit.

Seulement, par suite de ces transformations, le génie allemand n'avait pu éviter une montée extrêmement rapide dans la montagne qui va de la vallée de l'Oise à la plaine de Chantilly ; il en résultait une pente extrêmement difficile à gravir, surtout pour des locomotives de 3e calibre, comme celle qui nous remorquait.

Lorsque nous eûmes passé le pont, il fut impossible à la locomotive de traîner le train qui nous conduisait. On commença par la lancer à toute vapeur ; mais au milieu de la colline, le train patinait, s'arrêtait et reculait. Une deuxième tentative eut lieu sans plus de succès. Une troisième, une quatrième, ainsi de suite, jusqu'au moment où l'officier trouvant, selon son expression, notre position *ridiquioule,* enjoignit à son monde de mettre pied terre. Nous descendîmes. Les soldats se mirent à la queue du train, le poussèrent, et allégé de ses voyageurs, le convoi put enfin gagner le plateau qui confine à Chantilly.

Nous avions gravi la côte à pied, les uns fumant la pipe et les autres le cigare.

A Chantilly, MM. Richard et Duchauffour de Pont, MM, de Devise et Trousselle de Salency, ainsi que le rédacteur du *Progrès de l'Oise,* furent conduits au milieu d'une escorte respectable par le nombre, à la commandature. Je reconnus là plusieurs officiers du général Malotki que j'avais vus à Compiègne quelques semaines auparavant ; puis on nous donna pour prison la grande salle de la mairie de Chantilly où nous pûmes nous faire servir à déjeûner, et le soir à dîner. Nous crûmes que nous allions y passer la nuit, lorsque vers les dix heures du soir, un nombreux détachement de militaires vint nous prendre pour nous conduire dans la pièce qui devait nous servir de prison. Nous traversâmes ainsi tout Chantilly. C'était une petite chambre d'une maison appartenant à M. Demourgues, imprimeur à Paris, et qui servait de lieu sûreté pour les prisonniers que les Prussiens amenaient à Chantilly.

Ce soir là, les soldats paraissaient bien heureux ; ils entrevoyaient la fin de la guerre, car on venait de leur apprendre leur succès de la veille à Saint-Quentin. Aussi manifestèrent-ils leur joie en nous narguant, et en nous disant, en nous introduisant tous les cinq dans une pièce où il y avait trois grabats :

« Prisonniers, nix lit. — Coucher par terre. — Français, capout. »

C'est dans cette chambre éclairée par une fenêtre donnant sur la grande rue de la ville, près de la grande arcade qui sépare la ville du château et de la pelouse, que je restai vingt jours et vingt nuits seul, car les ôtages de Pont et de Salency, furent relâchés le lendemain et le surlendemain.

J'avais l'honneur d'une garde de général pour le moins. Deux factionnaires étaient sous les fenêtres, un à la porte de la chambre et un planton en haut de l'escalier. Ces quatre hommes me gardaient scrupuleusement, et lorsque le garçon ou la servante de l'hôtel m'apportait mes repas, il y en avait toujours plusieurs qui s'assuraient si je n'entretenais pas de correspondance avec l'ennemi.

Après le départ de mes premiers compagnons de captivité, je n'eus pour toute distraction qu'un volume de fables de Lafontaine que j'avais mis dans mes poches en partant de Compiègne ; et c'est ainsi que je puis relire tout à loisir les inimitables apologues du fabuliste, et réapprendre quelques-unes des plus belles œuvres du bonhomme, pour en faire mon profit le cas échéant.

Je restai ainsi, quinze longues journées, pouvant contempler du matin au soir, ce qu'on appelle la *Porte-Saint-Denis,* et cette construction inachevée de forme circulaire devant sans doute servir de manége pour les écuries du prince ; j'étais là â deux pas du domaine des Condé où avait été donné de si brillantes fêtes et où vient de se marier il y a quatre fours la fille du duc de Nemours avec le prince Czartoryski.

Ma solitude a été rompue deux fois ; la première, par M. Barluet, maire de Creil, et directeur de la manufacture de porcelaine, qui a été arrêté, je ne sais pour quelle cause, et qui n'a eu que le désagrément de coucher une nuit à Chantilly.

La présence de M. Barluet m'a profité en ce qu'il a pu se procurer des draps et divers ustensiles d'une impérieuse nécessité, choses que je ne connaissais pas jusque là, et qui me sont restées jusqu'à la fin.

La seconde fois que les verroux se sont ouverts devant les visiteurs, c'était pour laisser entrer M. Kinggen, maire de Bury, conseiller d'arrondissement de Clermont, et M. Poiret, manufacturier à Balagny, lesquels étaient pris comme ôtages à raison de quelques méfaits de peu d'importance commis sur le territoire de leurs communes.

La solution de leur affaire, comme celle des ôtages de Pont et de Salency était bien simple ; on leur imposait une contribution de 5,000, de 2,000 ou de 1,000 fr. — On parvenait quelquefois à obtenir quelques adoucissements dans le prix. Il en était avec les Allemands comme avec le ciel, sous le chapitre des accommodements. Une fois le paiement effectué, la liberté était rendue aux ôtages.

Pour moi, je ne voyais rien venir ; et sans trop m'alarmer d'une situation qui devait avoir un terme, je n'en ressentais pas moins quelque serrement de cœur lorsque je voyais partir ceux qui m'avaient tenu compagnie pendant quelques heures.

On est égoïste ; aussi, voyais-je entrer avec grand plaisir, dans ce que je considérais comme ma chambre, quelque figure nouvelle qui venait naturellement ôter quelque amertume à la monotonie de mon existence.

Mais au bout d'une quinzaine de jours d'une captivité absolue comme la réclusion cellulaire de Mazas, un jeune mobile, qui avait été fait prisonnier à Péronne et qui grelottait depuis six semaines ou deux mois dans une mansarde de notre prison commune, me fut amené comme compagnon de chambre.

Quelques officiers étaient venus me raconter les projets de préliminaires de paix. Je savais l'entrevue de M. Jules Favre et de M. de Bismarck, le lendemain même qu'elle avait eu lieu ; j'avais eu la satisfaction de pouvoir recevoir la visite de ma femme.

Et j'attendais ainsi, avec mon compagnon, l'heure de la délivrance. Après l'armistice, je ne doutai point que cela dut tarder. En effet, le mercredi 8 février, vers quatre heures du soir, au moment où le scrutin pour la nomination des députés à l'Assemblée nationale allait se fermer à la mairie de Chantilly, ainsi qu'à toutes les mairies de France, le même officier qui était venu, dans la nuit du 19 au 20 janvier, m'arrêter à

Compiègne, est entré dans ma chambre de
Chantilly, dont je n'avais pas franchi le seuil
depuis vingt jours, me dire qu'il était heureux
de m'annoncer que ma liberté m'était rendue
sans condition, ce dont je profitai sans
retard.

Mon arrestation, pendant toute la durée de
la guerre, étant la seule qui ait été faite à
Compiègne, causa en ville, le lendemain
matin vendredi, une vive émotion. Chacun
pouvait se croire menacé dans sa liberté. Ma
famille reçut à cette occassion, et moi-même
par la suite, des témoignages de sympathie
qui m'ont été bien doux et qui m'ont bien
payé des quelques instants d'inquiétude par
lesquels je suis passé. Je saisis aujourd'hui
cette circonstance pour en témoigner à tous
ma profonde gratitude. Il n'est jamais trop
tard pour exprimer publiquement sa recon-
naissance.

Et, à cette occasion, je dois dire tout le
dévouement qui m'a été montré par quelques
amis; et notamment par M. Barbillion, avoué,
et par mon beau-frère, M. Motel, pharmacien,
conseiller municipal et conseiller d'arrondissement. Au premier jour de mon arrestation,
ignorant où j'avais été conduit, ces deux amis
sont allés à Beauvais voir les autorités alle-
mandes et françaises, Mgr l'évêque de Beauvais, et le préfet prussien, le baron de
Schwartzkoppen. Mgr l'évêque de Beauvais
écrivit à M. Schwartzkoppen et reçut, en

réponse à sa demande en ma faveur, la lettre
qu'on va lire et qui a été insérée au Bulletin des
actes administratifs de l'autorité allemande.

J'ai témoigné, aussitôt que possible, mes
témoignages de respectueuse gratitude à
Mgr l'évêque, et je les renouvelle aujour-
d'hui.

Je dois encore remercier, à Chantilly,
M. Lemoine, notaire ; M. Lecomte, manufacturier ; le secrétaire de la mairie ; M. Fasquel,
de Courteuil, qui, tous, à divers titres, ont
bien voulu m'être utile autant que cela se
pouvait.

Maintenant, je demande pardon aux
lecteurs du *Progrès de l'Oise* de les avoir si
longtemps entretenus de ma personne ; je ne
suis pas coutumier du fait, et j'espère qu'en
voilà pour longtemps.

F. VALLIEZ

Voici la lettre que le préfet prussien écrivit
à Mgr l'évêque de Beauvais à mon sujet :

Préfecture de l'Oise.

Beauvais, le 22 janvier 1871.

Monseigneur,

J'ai l'honneur d'accuser, à Votre Grandeur,
réception de la lettre du 21 de ce mois que vous
avez pris la peine de m'adresser au sujet de l'arrestation de M. Valliez, gérant du *Progrès de l'Oise*,

de Compiègne. Tout en étant bien disposé, en tant que les circonstances le permettent, à tenir compte de la haute intercession et du grand intérêt que Votre Grandeur veulent bien porter à la personne de M. Valliez, je ne peux manquer d'exécuter et de mettre, sous leur véritable jour, les raisons pour lesquelles M. Valliez est mis en cause.

Sur mon ordre, du 4 janvier, les rédacteurs du département de l'Oise étaient tenus, avant de continuer à faire paraître leur journal, de venir en demander l'autorisation préfectorale ; il n'entre pas dans mon idée d'exercer aucune censure sur les journaux, ni même d'en demander aucune épreuve, seulement, les rédacteurs sont obligés de me remettre, avec la mise en circulation, un exemplaire de chaque numéro pour que le contrôle puisse se faire.

Néanmoins, et malgré cet ordre bien précis, M. Valliez n'a pas discontinué son journal. Au surcroît de cette désobéissance, M. Valliez a manqué au respect dû à l'autorité du gouvernement prussien en mettant, d'une manière irrévérencieuse et choquante, les ordres relatifs à la fin de sa feuille, et en se faisant l'organe du gouvernement de Bordeaux.

Votre Grandeur appréciera combien l'autorité était intéressée à demander une obéissance absolue.

Veuillez agréer, Monseigneur, l'assurance de mes sentiments les plus respectueux.

Le Préfet,

Bᵒⁿ SCHWARTZKOPPEN.

(Extrait du *Progrès de l'Oise* du 20 Janvier 1872.)

IMPRIMERIE A. MENNECIER, RUE DES PETITES-ÉCURIES, Nᵒ 17

www.ingramcontent.com/pod-product-compliance
Lightning Source LLC
Chambersburg PA
CBHW070118300326
41934CB00035B/2900